НУРЛАН ТОКСАНОВ

24 ЗНАКА ЗОДИАКА

Книга издана в рамках гранта победителя в номинации
“Малая проза” конкурса XII Open Eurasia - 2023

HERTFORDSHIRE PRESS

Published by Hertfordshire Press Ltd © 2024
e-mail: publisher@hertfordshirepress.com
www.hertfordshirepress.com

NURLAN TOXANOV

24 ZODIAC SIGN

*The book was published as part of a grant of the winner in the nomination
"Short prose" competition XII Open Eurasia - 2023*

Russian

Illustrations AI Generated
Project manager Taina Kaunis
Design Alexandra Rey

*British Library Catalogue in Publication Data
A catalogue record for this book is available from the British Library
Library of Congress in Publication Data
A catalogue record for this book has been requested*

ISBN: 978-1-913356-74-3

О ПРЕМИИ

Премия в категории "Малая проза" уже 12 лет позволяет талантливым авторам издавать свои работы в Лондоне. Благодаря этой премии лауреаты получили возможность участвовать в международном литературном сборнике "Нить", ставшем легендой, презентовать свое творчество на международных фестивалях и обратить внимание читателей и издателей на свои работы и в других форматах. Данная книга также издана на средства гранта, который в 2023 году был представлен британским издательством Hertfordshire Press.

Она старательна, открыта,
Вокруг веселые друзья,
Просеяны ведь те сквозь сито,
И с ними не дружить нельзя!
Поскольку у неё есть рожки,
Трепещут и дрожат враги,
Покрошит на орешки-крошки,
Против неё ты не моги!

Любая цель осуществима,
Её добьётся Козерог,
И для мужчин неотразима, —
Улыбкой сразу валит с ног!
При том умна и романтична,
Но и порядок тоже чтит,
В быту хозяйственна, практична,
А беззаботность ей претит.
Вот Марлен Дитрих – Козерожка
Родившаяся в декабре,
Журнала женского обложка
От них – как в утренней заре!
Они выносливы, сердечны,
Нацелены на результат,
В своей работе безупречны,
Поэтому и нарасхват!
Подругам даст легко советы,
Подставит вовремя плечо,
Она – как яркая комета
И тоже светит горячо!
С ней не страшны любые будни,
В даль вместе весело глядеть,
И можно на семейном судне
Шторм с бурею перетерпеть!
Ну что же, Козероги-дамы,
Созвездье ваше - в небесах,
Вам - милой жизни панорамы
И счастья в радостных глазах!

Посвящается мужчинам Козерогам!

Мужчина-козерог надёжен,
И в играх, и везде везёт,
А значит, кошелек платёжен,
И можно ожидать щедрот!
В любви он в молодости пылок,
Ну а потом, когда года
Подкрасят сединой затылок,
То станет верен навсегда!

Нет, он не склонен к адюльтерам,
Возьмёт он лучше Эверест,
Не прибегает к полумерам,
Всё сделает в один присест!
Все по плечу ему задачи,
В нем крут судьбы потенциал,
Да, только так, а не иначе,
Все будет лишь, как я сказал!
Не то что б был он агрессивен,
Нет, просто целей – через край,
А распорядок – интенсивен,
И постоянно – выбирай!
Джим Керри, Джаред Лето, Хокинг,
Неполный перечень имён,
В пиджак одеты или в смокинг,
Но каждый ими восхищён!
Они работе отдаются,
При том тактичны и нежны,
И заразительно смеются,
Остры их шутки и умны!
При этом любят комплименты,
Как не порадовать нам их,
Ведь то прекрасные моменты,
Так посвятим хотя бы стих!
Что ж, Козероги, пожелаем
Удачи вам во всех делах,
Чтоб был характер несгибаем
И только широты – в мечтах!

Посвящается дамам Водолеям!

Друзья, во-первых, не давите
На Водолея прямиком,
Тем самым вы себе вредите,
Ведь он идеями влеком!
Точней, влекома Водолейша,
Сентиментальна и тонка,
Очаровательна, как гейша,
Мечта любого мужика!

Как знак воздушный, ставит цели,
Высокие, как небеса,
В её оптическом прицеле
Отнюдь не хлеб и колбаса,
А творчество, к искусству тяга,
Хоть Водолей, воды не льёт,
И ноты тянут, и бумага,
А голос дан, так и споёт!
Цвет синий выдан – на удачу!
Под стать воде и небесам,
И может в одиночку дачу
Вскопать одна на зло врагам!
Во всем она мастеровита
И человечная притом,
В том смысле: не кричит от быта,
Не бьет посуду напролом!
А если муж Весы к тому же,
Тогда и вовсе идеал,
Но кто из нас по жизни мужа
По гороскопу выбирал?!
Будь хоть Стрелец иль даже Овен,
Любого сможет приручить,
Не этим выбор обусловлен,
Но звезды могут подсобить!
Созвездье это — символ страсти,
Сатурн с Ураном — это вес!
Всем дамам-Водолеям – счастья,
И прочих радостных чудес!

Дружить спешите с Водолеем,
Поскольку даст он денег в долг,
Окружит ласково елеем,
А не посмотрит словно волк,
Хоть сдержан он, но романтичен,
Сто плюс одною розой в миг
Вас очарует, артистичен,
Активен, добр и многолик!

В нём остроумье с обаяньем,
И собеседник хоть куда,
Но обдели его вниманьем,
И вас забудет навсегда!
Однако Водолей порою
Мечтой воздушной увлечён,
Свободы ищет и покоя,
Ведя себя как фараон!
Тогда ослабьте ваши вожжи,
Пускай побудет в тишине,
Хоть он мужик, однако тоже
Достоин этого вполне!
Опять же, коль Весы – супруга,
То это, в общем, идеал,
Труда часы или досуга
Ей полностью б он посвящал!
А не Весы, так то не важно,
Коль к Водолею вы с душой,
Тогда препоны все отважно
Преодолеет он с тобой!
К тому ж совсем не меркантилен,
А щедр душою про запас,
И в мире перемен стабилен,
Возьми хоть профиль, хоть анфас!
Всего достичь, чего пытался,
Сумеет он ради людей,
И если другом друг остался,
То, значит, друг твой Водолей!

Про рыб сказать мы можем много,
Они изящны, не грубы,
Открытые для диалога,
Но, коль припрёт, — и для борьбы!
Вокруг них много ухажёров,
Но смысл для рыбки не в деньгах,
И, коли что, покажет норов,
Будь ты Король иль даже Шах!

Она умна, в три хода мат вам
Поставит с нежностью в глазах,
И расщеплённый, словно атом,
Обидчик превратится в прах!
Вот Шэрон Стоун взять, к примеру,
Дрю Берримор (ах нет, не то!),
Кругом – сплошные кавалеры,
Что подадут тебе пальто!
Однако выбирают долго,
Надёжен был чтобы рыбак,
И постоянен, словно Волга,
К тому ж еще и весельчак!
Кто подойдёт ей? Может, Дева,
И Скорпион имеет шанс,
Чтоб только не ходил налево
И в праздник чтобы спел романс!
Спокойно будет Рыбе с Раком,
Коль та не щука басне в масть,
И будет жизнь отнюдь не мраком,
А будут шоколад и страсть!
Знак Зодиака классный – Рыба,
Поскольку может и с Тельцом
Свернуть трудов житейских глыбы,
Хорошим будет тот отцом!
От всей души поздравим Рыбок,
Пусть счастье наполняет дом,
Здоровья, радости, улыбок,
Мгновений солнечных притом!

Посвящается мужчинам Рыбам!

Брюс Виллис это, Джастин Бибер,
Короче, звёзды есть и тут,
В других созвездьях тоже выбор,
Но здесь особенно он крут!
Наука это ли, искусство,
Рождённый в марте-феврале,
В народе пробуждает чувства
Воздушные, как крем-брюле!

Айкью высок и на пределе,
И в логике он сверхсилён,
Перед собою ставит цели
И в будущее устремлён!
Порою он непредсказуем,
Поскольку сложная душа,
Но негатив мы отфильтруем,
Ходя по дому чуть шурша.
Я это обращаюсь к дамам,
Что вместе с Рыбою живут,
Для них вы будете бальзамом,
Устроив для него уют.
Он на крючок к вам попадётся,
Доверье вызовете вы,
Тогда и ссора утрясётся,
В соседях не пустив молвы.
А с лаской, он в воде как рыба,
Особый нужен здесь подход,
Не любит резких либо-либо,
Берите мягче в оборот!
Тогда он вам раскроет сердце,
А не, как щука, хищно пасть,
И не куда ему не деться,
И будут волшебство и страсть!
Что ж, рыб весь месяц поздравляем,
Созвездье их над головой,
И жён им верных пожелаем
И счастья в жизни бытовой!

Здесь, что ни дама, то признанье,
Селин Дион там, Робин Райт,
И любит доставлять страданья
Мужчинам, но всё будет «right!»
Они по жизни не скучают:
Пилатес, теннис, паруса!
Границы времени стирают
И им доступны небеса!

При этом любят комплименты,
Особенно про стройность тел,
Но и другие компоненты
Для Овнов вовсе не предел.
Они скромны, и Ламборджини
Отвергнут вдруг и невпопад
Найдут в ничтожнейшем мужчине
Невиданных сокровищ клад.
Для них эмоции – богатство,
А остальное – жизни хлам,
К их сердцу трудно подобраться,
И, так сказать, не по зубам.
Как правило, оптимистичны,
Не копят и на чёрный день,
Порой тверды, порой пластичны,
Но все ж в душе они – кремень!
И деньги любят тратить тоже,
Тем ускоряя ход вещей,
И могут ревностью до дрожи
Измучить всех своих мужей.
Для Овна-дамы может Овен
Как муж законный подойти,
Со Львом ход жизни будет ровен,
Да и с Тельцом ей по пути.
Всё относительно, конечно,
И все в руках её одних,
Любви желаем Овнам вечной
И посвящаем им свой стих!

Посвящается мужчинам Овнам!

Они загадочные знаки,
Ван Гог там, Чаплин или Бах,
Порой непостоянны в браке,
Стремительны в своих делах.
Огня стихия верховодит,
И за собой ведут народ,
И линию свою проводят,
Назад ни шагу, лишь – вперёд!

Алмаз – нет лучше талисмана,
Характером непобедим,
И даже сильному Барану
Иль Овну он необходим!
Руно? Так только золотое,
А саламандра – знак огня,
Обыденность – для них пустое,
Вся жизнь прорыв и беготня!
И Овну даже пиетета
Испытывать охоты нет,
Нет для него авторитета,
Зарядит тут же он в ответ.
Возможно, то влиянье Марса,
Он искренен, как бог войны,
Порой напоминает барса,
И мускулы его сильны.
Как правило, он обаяшка,
Успешно охмуряет дам,
А коли выдалась промашка,
То вряд ли виноват он сам.
Да и в финансах он успешен,
Тут надо только попотеть,
Бывает Овен всё же грешен,
Но коль усилий хоть на треть
Затратит, то тогда успехи
К нему придут как дважды два,
Да будут, Овны, славны вехи
И светлой будет голова!

Любой мужчина – на коленях
Пред этим знаком, се ля ви,
Поскольку знает толк в пельменях,
В готовке прочей и любви!
Очаровательны, роскошны,
Заботливее нет жены,
Бывают чересчур дотошны,
Когда безмерно влюблены.

Умны, спокойны, элегантны,
Эпитетов не перечесть,
Врождённые у них таланты,
Среди Тельцов царицы есть!
Мария Медичи, к примеру,
А также множество актрис,
Певицы есть и модельеры,
Которым хлопают на бис!
Они хрупки и грациозны,
Чтоб это дело сохранить,
Не надо кушать, когда поздно,
И аппетит свой укротить.
Но, к счастью, дамы любят воздух,
Как это свойственно Тельцам,
При романтичных ярких звёздах
К большим готовятся делам!
И не выходят по расчёту,
А лишь по искренней любви,
За ней вести надо охоту,
И должен быть огонь в крови!
Союз удачный с Рыбой может,
Однако знак Телец такой,
Что и с другими песню сложит,
Уют создавши и покой.
Пусть всё проходит в высшем классе
Для дам-Тельцов, поздравим их,
Еще есть много слов в запасе,
Ну а пока закончим стих!

Посвящается мужчинам Тельцам!

Тельцов известных очень много,
Их, как начнешь перечислять,
Так не дойдешь и до итога,
Знак плодородный, так сказать!
Марк Цукерберг и Аль Пачино
Под этим знаком был рождён,
Хайям и прочие мужчины,
Чайковский… Множество имён!

Тельцы- дельцы, как говорится,
Банкноты липнут к их рукам,
Все – рассудительные лица,
Не каждой даме по зубам.
Однако есть и недостатки,
Упрямство, ревность через край,
Но не всегда жизнь – шоколадки,
Мальдивы иль Багамский рай…
Зато упрямство помогает
Тельцам всех целей достигать,
Решенья быстро принимают
И хлопают свою печать!
Чайковский – это исключенье,
Тельцы и в дамах знают толк,
Но если любишь развлеченья,
То и зубами могут «щёлк!»
Они к семейным узам падки
И редко на разрыв идут,
И чувства, и объятья сладки,
Ты лишь создай ему уют!
Коль дама – Рак, то превосходно,
Союз здесь может быть счастлив,
Всё будет чинно-благородно
И эксклюзивный позитив!
И Рыбы, также Козероги
Тельцам удачно подойдут,
Зависит всё от нас в итоге,
Да будут счастье и уют!

Друзья, я часто в гороскопе
Развешиваю ярлыки,
Мол, этот знак – всегда на топе,
А этому – вдруг не с руки.
Все относительно, конечно,
Вот взять, к примеру, Близнецов,
Они, допустим, человечны,
А Овен разве не таков?!

А Козерог, допустим, с Львицей,
Красивы тоже и умны,
Но Близнецам чем отличиться
Есть, их позиции сильны!
Мерлин Монро – как символ знака,
Коммуникабельна, нежна,
И энергична. Если драка, -
Наверняка, ее вина!
Стрельцы с Весами часто в схватке
За Близнецов, поскольку брак
С ней будет счастлив, все ведь падки,
Хотят, чтоб крепок был очаг!
Близнец измены не прощает,
Держите ухо с ней востро,
В ней кровь порою закипает,
В мартене словно серебро.
Хоть наведет порядок в доме,
Но быть служанкой ей претит,
Дела другие есть ведь кроме,
Мужья, умерьте аппетит!
Чадолюбива, все ж порою
Балует слишком уж детей,
Тут – как и все, ну да, не скрою,
И недостатки есть у ней!
Но в целом, Близнецы – милашки,
Неординарны, широки,
Дарите розы им, ромашки…
Коль «Ламборджини» не с руки!

Не уступая знаку – дамам,
Они активны и гибки,
Во всём стремясь быть самым-самым,
Умны, стремительны, ловки!
Взять Джона Кеннеди, к примеру,
Типичный, в общем-то, Близнец,
Он сделал резвую карьеру,
Став президентом наконец!

Они умеют в лучшем свете
Себя народу показать,
И женщине расставят сети,
Но лучше в них не попадать!
Ведь переменчивый характер
Сюрпризы может преподнесть,
А в глубине – горячий кратер,
Ревниво он стоит за честь!
Он обаятелен, искрится
И остроумьем и душой,
К ним в общество любой стремится
За силой чувств и прямотой!
Коль муж Близнец, он любит в спальне
Не полумрак, а яркий свет,
Порядок нужен – в готовальне,
А брак – совсем другой сюжет!
Он девушек-загадок ценит,
Стремясь кроссворд сей разгадать,
И повседневность бурно вспенит,
Желая вас завоевать.
Но даже чувства коль утихли,
Близнец останется при вас,
На каждый кашель ваш иль чих ли
Платочек держит про запас!
Счастливей будьте и богаче,
И пожилые, и юнцы,
Желаю искренне удачи,
Пусть повезет вам, Близнецы!

Посвящается дамам Ракам!

Конец июня, значит, Раки
Теперь с созвездия глядят,
Красивы и комфортны в браке,
Порою за один их взгляд
Мужчина многое способен
На этом свете совершить,
Её обед всегда съедобен,
Уютом может окружить!

Она большая фантазёрка,
Не любит критику чужих,
В подушку плачет порой горько
От слов обидных и сухих.
Селена Гомес, Марго Робби,
Их, знаменитостей, полно,
Назад ли волосы, иль чёлка,
Пьянят мужчину, как вино.
Добры, честны и терпеливы,
Есть много качеств неплохих,
К тому ж еще трудолюбивы,
И это очень важный штрих!
А с кем ей лучше в браке слиться?
Тут Дева – вариант для пар,
Не Дева в смысле, что девица,
А с гороскопа экземпляр!
У них одни ориентиры,
Но Скорпион не хуже тут,
Как украшение квартиры,
Создаст ответный он уют.
Да и сама она радушна,
Из ничего создаст салат,
А если вдруг вам стало душно,
Предложит выпить лимонад.
Что ж, от души вас поздравляем,
Кто под созвездием рождён,
Любви и счастья пожелаем,
Счастливых, радостных времён!

Посвящается мужчинам Ракам!

Вин Дизель – Рак, и даже Месси
Порою пятится назад,
Считается: в них много спеси,
Но мало люди что твердят!
Пусть на работе Рак холодный,
Зато с родными он открыт,
Великодушный, благородный,
Страдает часто от обид.

Оценивает обстановку
Рак, прежде чем пойти вперёд,
Конфликтов избегает ловко,
А вот любви – наоборот!
Чтоб дружбу с ним вести, вам надо
Поосторожней быть в словах,
За это ждет тогда награда,
Утонете в его дарах!
Одно обидно: то, что Раки
Жениться часто не хотят,
И ищут счастия не в браке,
Сбежать от уз сих норовят!
Но в этом Рак ведь не виновен,
А звезды так его ведут,
Ведь он не Водолей, не Овен,
Однако же, создав уют,
Возможно приручить и Рака,
К семье и детям он не скуп,
Достойный представитель знака,
Как правило умён, не глуп!
Луна порою своей фазой
На Рака действует, и он
Вдруг огрызнётся длинной фразой,
Что вдруг шатнули его трон.
У всех у нас есть недостатки,
Достоинств забывать не след,
Желаем Ракам жить в достатке,
Ну и заслуженных побед!

И в нашем обществе, как в прайде,
Они и властны, и сильны,
Чтоб угодить им, вы кивайте,
Не дав подкрасться со спины.
Поскольку знают толк в охоте,
Пред ними вам не устоять,
Вы мирно воду в речке пьёте…
Но нет, не буду продолжать!

Ведь это – про четвероногих,
Знак июля с августом поры,
А дамы-Львицы, хоть из строгих,
Но милосердны и добры!
Великодушные при этом,
Мадонны, Роулинг зодиак,
Божественным лучатся светом,
Не любят в жизни кавардак.
Очаровательны, воздушны,
По-детски верят в чудеса,
Домохозяйками быть скушно,
Их взгляд стремится в небеса.
Свободолюбия в них много,
Но этим люди все грешат,
Коль отправляются в дорогу,
То к ним прибиться норовят.
Они речами увлекают
И вдохновляют без проблем,
Как львицы, стадом управляют
Без грубой помощи лексем.
И, как ни странно, могут с Овном
Брачуясь, жизнь соединить,
Она пройдёт в теченье ровном,
Не есть друг друга, а ценить!
Но коль ты, Львица, живешь с Девой,
То всё пропало? Да ни в жисть,
Хук с правой, а потом и с левой,
И на излом берется кисть…
Но это шутки, Дамы-Львицы,
Желаю счастья полный бак,
Кто поюнее, тем – влюбиться,
Кто повзрослее – тоже так!

Барак Обама тоже Лев,
Не зря был в Штатах президентом,
И Шварца тоже мышц рельеф
Сопровождаем комплиментом!
Незаурядные умом,
Они под жарким Солнца знаком
Бесстрашны в мнении своём,
Им запах власти всегда лаком!

Нет, гороскопы всё ж не врут,
Те Львы, которых знаю лично,
Надёжны и не подведут
И просьбу выполнят отлично!
Как ни крути, наш царь зверей
Порою выглядит вальяжно,
При этом вовсе не злодей,
Ведь его кредо – жить отважно!
Изысканных привычек блажь
За ними водится порою,
Ну так, пожалуйста, уважь,
И потрафи Царю-герою.
Тогда он грудью за тебя, -
Спасёт добычу от шакала,
И будет рядом жить любя,
А это ведь для Льва – немало!
Львы симпатичны и щедры,
Бывают иногда ленивы,
Но это только до поры,
Они страшны, когда ревнивы!
Им лучше повод не давать,
Да будь ты даже Рак по знаку,
Ведь Лев, привык он управлять,
Чуть что не так – идёт в атаку!
Да вот такой Лев зодиак,
Вне правил он и вне закона,
Но хорошо, что ценит брак,
Глядя величественно с трона.
Ему не знаем, что желать,
Лев в жизни сам всем управляет,
Закончим резко поздравлять,
Пока он гривой не мотает…

Посвящается дамам Девам!

Софи Лорен да и Бейонсе
Под этим знаком рождены,
Их имена отлиты в бронзе,
Они воспитанны, нежны!
И в доме чистота, порядок,
Частицы пыли не найдёшь,
Коль сварят кофе, кофе сладок,
К тому ж всегда наточен нож!

Притом она и экономна,
Не любит дорогих вещей,
Пускай и полной чашей дом, но
Всё ж безделушек нет у ней.
Готовит тоже всем на зависть,
Приправ роскошный аромат,
И гости, радостно уставясь,
От предвкушения урчат.
Бывает строгая порою
И давит резко на рычаг,
Но согласитесь, все порою
Детей воспитываем так!
И мы не будем спорить с ними,
Жизнь это ведь не только мёд,
Вот вырастут когда большими,
Тогда воспитанность спасёт!
Так идеал выходит Дева?
А почему ж не идеал,
Не смотрит никогда налево,
Ну разве только сериал…
Даёт советы и практична,
Где-надо, мужу подсобит,
Коль отругает, то тактично,
И овцы целы, и волк сыт!
Что ж, август кончился, сентябрь
Багрянцем нам в окно стучит,
И листьев разноцветный табор
Про Дев нам песенку твердит!

Мужчина-Дева трудоголик,
Надеется на свой лишь ум,
Работает до самых колик,
Идя порою наобум,
Он обязателен, небрежность
Для Девы – сущая беда!
Но к ближнему при этом нежность
Испытывает он всегда,
И интеллект, и остроумье

Присущи знаку наших Дев,
Впадает часто он в раздумья,
За стол свой письменный присев.
А был рождён под этим знаком
Иван Васильич Грозный, царь,
Хвосты крутил врагам-собакам,
Принявши внутренне стопарь.
Знак Зодиака – просто с шиком!
И Стивен Кинг, и Ричард Гир:
Тот словом, ну а этот ликом
Завоевали бренный мир.
Как правило, они успешны,
А если нет, имеешь шанс!
Учись, трудись, мой друг, поспешно,
Ведь щедрый выдали аванс!
И, кстати, дамы, Деву в мужа
Заполучить любой не прочь,
С ним не страшна любая стужа,
И длинная короче ночь.
Причем в семье всегда достаток,
Ивана Грозного хоть взять,
Обилен завтрак, ужин сладок,
И от обеда не отнять!
На этой гастрономной ноте
Закончу Дев я восхвалять,
Они и так уж в позолоте,
Теперь бы делом доказать!

В столице солнце, и октябрь
Лазурной краской полыхает,
Косматый снежный кракозябр
Неспешно все же подползает.
Вот таковой Весов закон:
Год разделить на половину,
Днем благосклонен небосклон,
А ночь уж холодит нам спину.

Для дам-Весов – всё на весах,
Раздумья, мысли, колебанья,
Порой овладевает страх,
Но от мужчин – всегда вниманье!
В крови искусство соблазнять,
Она нежна и грациозна,
Умеет тонко обаять,
Да и в карьере – скрупулёзна!
Коль сможет Овна отыскать,
Тогда всё будет как в аптеке,
Ни спорить, ни конфликтовать,
А лишь в уюте и в опеке!
Тельцы возможны, Близнецы,
А на худой конец и Раки,
Из них хорошие отцы,
Немаловажно это в браке!
Весам присущ и интеллект,
Общительны и энергичны,
Всегда фурор, всегда эффект,
И деловы, и романтичны!
Брижит Бардо, — каков пример!
А Тэтчер с Моникой Белуччи?
Все хороши на свой манер,
Какой еще из знаков круче?
Всё взвесят точные Весы,
И мы в ответ их поздравляем,
Здоровья, счастья и красы,
Благополучья пожелаем!

Посвящается мужчинам Весам!

Любой из них, друзья, весом,
Кого сравните вы с Ван Даммом?
Наделены они умом,
И энергичны, но не даром!
Пеле вот, будучи Весами,
С обеих ног лепил голы,
И двусторонность есть в Ван Дамме,
А недостатки в них малы!

Общаться с ними всем приятно,
Хотя порой они хандрят,
Бывают и на Солнце пятна,
Но в этом космос виноват!
Он вечно ищет равновесья,
Как будто в нём найдет покой,
Особый Знак он в поднебесье,
Весам завидует любой.
Особенно, если политик,
Нет в этом знаке что-то есть,
Хотя Весы бывает нытик
И тайно обожает лесть,
Однако в целом он культурен,
Разносторонен, ценит такт,
По жизни образу структурен
И выйдет смело на контакт.
Кого ж герои наши любят?
Красивых, романтичных дам,
Тогда они их приголубят,
Со страстью, что твой Клод Ван Дамм!
Считают, Рыбам опасаться
Весов необходимо… Нет!
В любую связь могут вписаться,
Такой им выписан билет!
Все подойдут, Тельцы и Овны,
Вот Овнам выдают карт-бланш,
С Весами жизнь проходит ровно,
Хоть любят брать они реванш.
Ну что ж, октябрь наступает,
Весов на небе зодиак,
И каждый счастья вам желает,
Удачных дней и разных благ!

Посвящается дамам Скорпионам!

Кончита Вурст, она певица,
И в то же время Скорпион,
Возможно, нечем тут гордиться,
Но толерантность – наш закон!
Не поместить её в мужчины,
Хотя б она и с бородой,
А ниже пояса причину
Мы игнорируем с тобой.

Оставим шутки! Скорпионки,
Они девчата хоть куда,
Из них прекрасные шпионки,
У них особая звезда!
Здоровье крепкое, однако
Здесь главный враг – она сама,
Хоть есть зависимость от знака,
Но всё зависит от ума.
Коль переборет те привычки,
Которые тревожат нас,
Тогда найдет к сердцам отмычки,
Прекрасна в профиль и анфас!
Они умны и энергичны,
Карьеру делают легко,
Критичны и самокритичны,
Мечты их рвутся высоко.
Ну что ж, бывает и ревнива,
Доверье сложно ей вернуть,
Муж может выпить кружку пива,
Но водки – меньше, чем чуть-чуть,
Короче, та ещё задача
Чтоб Скорпионкам угодить,
Но, если угодил – удача,
Ещё сумеешь чуть пожить!
Но это шутка, поздравляем
Всех Скорпионок мы сейчас,
Любви и радости желаем,
Удач, веселья, блеска глаз!

Посвящается мужчинам Скорпионам!

Мужчина Скорпион – закрытый,
Его непросто раскусить,
Спокойно с ним, когда он сытый,
Их важно вовремя кормить!
Бесстрашен он и благороден,
К тому ж еще и дипломат,
Изящен, аккуратен, моден
И кладезь жизненных цитат.

Бывает, лести поддаётся,
Ведь мненье дорого родных,
Он жизнерадостно смеётся
И ценит лишь людей прямых!
А недостатки? Их немного,
Бывает чересчур гневлив,
И рвёт рубашку он с порога,
Бокал об пол в сердцах разбив,
Зато отходит тоже быстро,
И это преогромный плюс,
Тут важно не поджечь канистру,
А затушить горючий груз.
Коль женщина умна, тактична,
То Скорпион в её руках,
И упакован герметично,
Урегулирован в мечтах!
Ведь Скорпионы рвутся к власти,
Их даже хлебом не корми,
И к избранной относят касте
Они себя, поди уйми!
Вот взять хотя бы Билла Гейтса,
Весь мир он Окнами закрыл,
И с азиатом европейца
За комп небрежно усадил.
Не обижайте Скорпиона,
Так уж их Знак сформировал,
Не отдадут своей короны,
В них мощный скрыт потенциал!

Стрельцы, конечно, не для слабых
Мужчин, ведь рубят напрямик,
Как кролики в тигриных лапах
Себя почувствуете в миг!
Такой у них вот темперамент,
Ведь знают, что они хотят,
Хранит их память, как пергамент,
Всю информацию подряд!

Они честны, прямолинейны,
Общительны и деловы,
Коль замужем, тогда семейны,
Коль спор зашёл, всегда правы!
Хорошая жена при этом,
Верна, открыта и добра,
Но коль изменишь, то кастетом! -
Расправиться всегда быстра!
Но это шутка, впрочем, шутка
Порой правдива, верь не верь,
Стрельчиха ощущает чутко,
Какой с ней рядом ходит зверь.
Вот взять Кристину Агилеру,
Она типичнейший Стрелец,
Не терпит в жизни полумеры
И по характеру боец.
Не любит ложь и натуральна,
Приятный друг и компаньон,
К тому же мыслит эпохально,
Что твой второй Наполеон!
Да, есть, конечно, недостатки,
И стрелы гневные летят,
Все так, но всё ж в сухом остатке
Достоинств больше у девчат.
Подходят Водолеи, Овны,
Сгодится и гривастый Лев,
Да и с другими тоже ровно
Всё будет под любви напев!

Посвящается мужчинам Стрельцам!

Он знак огня, как Лев и Овен,
Но есть особые черты,
Характер добродушен, ровен,
Не чужд порою прямоты.
Обмана не приемлет, фальши,
При этом преданнейший друг,
Но и послать может подальше,
Коль отбиваются от рук.

Стрелец в динамике, подвижен
И любит вкусную еду,
Чувств не скрывает, коль обижен,
Порою и на ерунду.
Марк Твен и Людвиг Ван Бетховен,
Никулин Юрий и Брюс Ли,
Авторитет их безусловен,
Какой не взял ты б край Земли.
Уолт Дисней рождён под знаком,
И он типичнейший Стрелец,
Часть прошлого покрыта мраком,
Но Микки Мауса отец!
Был дом красивый у Уолта,
В Лос-Анджелесе особняк,
Обитель неги и комфорта,
Там жил Стрелец, теперь вот Рак.
Не терпят скуку и банальность,
Как гороскопы нам твердят,
В них есть размах и эпохальность,
Не терпят никаких преград!
Когда дошли дела до брака,
Стрелец способен отступить,
Тут надо брать его, собаку,
Не дав, как водится, свалить.
Для рифмы, впрочем, здесь собака,
Стрелец он тигр, даже лев,
Нет отступленья, лишь атака
Под песни праздничный напев!